ANATOLE DE LA FORGE.

TIRÉ A 250 EXEMPLAIRES.
Extrait du *Journal d'Amiens* du 23 Octobre 1879.

SOUVENIRS DE L'INVASION
EN PICARDIE.

ANATOLE DE LA FORGE
A
SAINT-QUENTIN.

MDCCC  LXXIX.

AMIENS,
IMPRIMERIE DE T. JEUNET,
45, RUE DES CAPUCINS.

Anatole de LA FORGE

A

SAINT-QUENTIN.

Une des figures les plus sympathiques du parti républicain, un des hommes les plus convaincus et les plus courageux qui ont consacré leur vie à lutter pour la liberté est l'ancien Préfet de l'Aisne, le héros de Saint-Quentin, M. Anatole de la Forge.

Au moment où, par un généreux sentiment, il vient mettre sa parole vive et sympathique au service d'une bonne œuvre, la Caisse des Écoles d'Amiens, il nous a semblé utile de rappeler en quelques mots le rôle glorieux qu'il a joué en

Picardie et qui en fait, par adoption, un des fils les plus dignes de notre patriotique contrée.

C'est aux jours sombres de la défaite et du malheur que nous avons commencé à le connaître et dès le premier moment nous avons ressenti pour lui, comme tous ceux qui l'ont approché, une profonde admiration.

L'empire venait de s'écrouler à Sedan, menaçant d'entraîner toute la France au fond de l'abîme avec lui. Des hommes de cœur résolurent de lutter pour sauver au moins l'honneur du drapeau. Le Gouvernement de la Défense nationale fut proclamé et se préoccupa aussitôt de justifier son titre. Il envoya dans le département de l'Aisne, en partie envahi, M. Anatole de la Forge, en lui laissant la faculté d'établir la préfecture dans telle ville qu'il choisirait et en lui conférant les pouvoirs les plus absolus.

Le 20 septembre était un jour de deuil pour Saint-Quentin. Depuis quelque temps les ambulances installées dans la ville regorgeaient de blessés, parmi lesquels la mort faisait, hélas ! de grands vides.

Toute la population, conseillers municipaux en tête, rendait ce jour-là, par de solennelles funérailles, un dernier et pieux hommage de respect à deux de ces héros anonymes du devoir.

Vers deux heures de l'après-midi, la foule était rassemblée rue Saint-Martin, aux portes de l'Hôtel-Dieu, quand on vit apparaître un homme à la figure énergique et fière, portant le ruban de la Légion d'Honneur sur la tunique du garde national; une écharpe tricolore à la ceinture le désignait clairement : c'était le nouveau préfet de l'Aisne, l'ancien compagnon de Garibaldi en Italie.

M. de la Forge se joignit au cortége. Au cimetière, il prononça un éloquent discours qui se résume dans sa péroraison : « Au nom du Gouvernement provisoire que je représente, je dépose sur la tombe de ces deux braves cette simple couronne. Je remercie la nombreuse assistance qui est venue faire cortége à ces victimes de la guerre. Ceux qui savent si bien honorer l'armée sauront la venger. Ce jour-là je vous demande l'honneur de marcher à votre tête. »

Se mettant aussitôt à l'œuvre, M. de la Forge visitait la ville, annonçait par deux proclamations aux habitants de l'Aisne et à ceux de Saint-Quentin, dont il choisissait la ville pour chef-lieu de sa préfecture, sa ferme résolution de lutter contre l'invasion allemande, et se préparait au combat.

Il nomma de nouveaux sous-préfets à Château-Thierry, Soissons et Vervins.

A cette dernière ville il envoya notre confrère du *Guetteur*, de Saint-Quentin, M. Ed. Delière, qui se fit remarquer par sa patriotique énergie.

Le 21, sur les ordres reçus de Tours, le préfet dissout le Conseil municipal élu sous l'empire, dont la majorité était peu favorable aux idées nouvelles, et le remplace, jusqu'aux élections qui devaient avoir lieu quelques jours après, par une Commission composée de :

MM. Malézieux, ex-député.
Edouard Dufour.
Pierre Bénard.
Ch. Quérette.
Mariolle-Pinguet.
Gustave Cordier.
Henri Souplet.
Jules Lecocq.
Charles Poette.
Duclos.
Louis Lecaisne.
Zilhardt.

Voici ce que dit à ce sujet M. Deroux, dans son *Histoire de l'Invasion de 1870-1871 dans l'arrondissement de Saint-Quentin :*

« Cette Commission, qui ne devait durer que trois jours, durera plus de six mois et aura à passer par de terribles épreuves. Elle était, du reste, admirablement composée : son président était l'honorable M. Malézieux, que l'arrondissement avait par deux fois envoyé à la Chambre avec d'énormes majorités ; son vice-président était M. Édouard Dufour, toujours le premier inscrit au tableau du Conseil municipal; les quatre premiers inscrits après lui en faisaient partie ainsi que deux autres conseillers bien connus par leurs idées libérales ; les quatre autres étaient d'honorables citoyens que leur trop grande modestie avait empêchés de se mettre sur les rangs aux dernières élections. Le choix du préfet était excellent. »

De cette Commission provisoire, que la force des choses allait rendre presque définitive, deux membres, MM. Henri Souplet et Charles Poette devaient être plus tard enlevés comme otages par les Allemands et enfermés, comme prisonniers de guerre, dans la citadelle d'Amiens !....

M. de la Forge, dès son arrivée, organise un Comité de défense composé ainsi :

Le président de la Commission provisoire,

Trois membres de cette Commission,

Trois délégués des ouvriers (un d'eux, M. Bérard, deviendra plus tard conseiller municipal et recevra ainsi de ses concitoyens la récompense de son dévouement),

Le Commandant des Pompiers et leur plus ancien officier,

Le Commandant de la garde nationale et un de ses officiers,

Le Commandant d'artillerie de la Fère et un de ses officiers,

L'Architecte de la Ville,

L'Ingénieur ordinaire des Ponts et Chaussées.

Le Préfet de l'Aisne passe en revue les pompiers et la garde nationale. Revêtu du costume militaire, il s'exprime à peu près en ces termes : « Le costume oblige ; au jour du danger, je vous demanderai comme une faveur de m'accepter dans vos rangs. Ce jour-là vous me jugerez ». Puis il monte à l'Hôtel-de-Ville et du haut d'une des fenêtres, tenant en main le drapeau tricolore, il prononce une chaleureuse improvisation qui impressionne vivement la foule et excite un grand enthousiasme.

Bientôt tous les pompiers de l'arrondissement sont placés sous les ordres de M. Baston, élevé au grade de commandant. M. Dufayel, chef de bataillon de la garde nationale de Saint-Quentin, nommé lieutenant-colonel des gardes nationales et compagnies de sapeurs-pompiers de l'Aisne, adresse sans délai un ordre du jour énergique où il rappelle à chacun ses devoirs. Enfin une compagnie de francs-tireurs est organisée par les soins de la Commission municipale et aux frais de la Ville.

Des barricades sont élevées sur plusieurs points, des tranchées sont pratiquées, des arbres abattus, les murs des jardins et du cimetière abritent les gardes nationaux et les volontaires qui occupent les abords de la ville; le pont d'Isle, en arrière duquel se dresse une formidable barricade, est coupé : la passerelle de l'écluse est le seul mode de communication de ce côté de Saint-Quentin par lequel l'ennemi doit tenter son entrée.

La lutte approche. Le 4 octobre, M. Anatole de la Forge se rend à l'Hôtel-de-Ville où siége la Commission municipale, dont les séances se prolongent presque chaque jour fort avant dans la nuit. Nous empruntons à l'important recueil des *Procès-verbaux des séances de la Commission municipale* le résumé des observations qui furent échangées entre le Préfet de l'Aisne et les représentants de la ville.

M. le Préfet est introduit dans la salle des délibérations.

« Il expose que des observations produites hier à la séance du Comité de résistance l'ont convaincu de la nécessité de se mettre de nouveau en rapport avec la Commission pour lui demander, cette fois, son avis formel sur les conditions dans lesquelles la ville doit se défendre. Quant à lui, sa résolution est inébranlable : si l'ennemi se présente, en nombre et en forces quelconques, il ne distinguera pas s'il a devant lui une bande de partisans, une troupe de quelques hommes, ou bien une armée munie d'artillerie ; il résistera à outrance, ne restât-il à ses côtés qu'un peloton de combattants.

« M. le Préfet sait que, dans une lutte aussi inégale, les défenseurs de la ville seront écrasés jusqu'au dernier, et que la ville elle-même sera exposée à la dévastation et à toutes les horreurs de la guerre ; mais il obéit à une consigne, il remplit un devoir d'honneur ; il compte sur le puissant effet moral que produira sur la France et sur l'ennemi lui-même l'exemple d'une ville ouverte, dépourvue de garnison, affrontant et subissant tous les périls d'une attaque de vive force. Au surplus, il trouvera dans les gardes nationaux, dans les pompiers et dans les ouvriers assez d'hommes résolus à le soutenir ; leurs chefs de corps et leurs délégués lui en ont donné la ferme assurance.

« Le Gouvernement provisoire l'a revêtu des pouvoirs militaires et administratifs les plus étendus ; la Commission municipale n'a pas qualité pour recevoir un parlementaire ennemi ; s'il se présentait à l'Hôtel-de-Ville, c'est à la Préfecture qu'elle devra le renvoyer, et lui seul a le droit de lui faire connaître ses intentions.

« La discussion est ouverte sur cette communication. Plusieurs membres prennent successivement la parole ; leurs observations se résument ainsi :

« La Commission n'a jamais varié, depuis qu'elle est constituée, sur le devoir de résistance que le patriotisme et l'honneur imposent à tous les Français ; il ne faut pas souffrir qu'une ville, même ouverte, subisse les injures et les déprédations des hordes ennemies, elle est donc unanime pour approuver toutes les mesures qui tendent à assurer une défense locale efficace contre de pareils outrages.

« Reste à examiner le cas d'attaque par des forces évidemment écrasantes.

« Si l'intérêt supérieur de la défense nationale exigeait une résistance à outrance, si cette résistance devait avoir pour effet d'arrêter la marche envahissante des armées ennemies, et de contribuer au salut de la France, la Commission n'hésiterait pas à prendre sur elle la plus terrible responsabilité ; prête à tous les sacrifices, elle ne ferait que répondre aux sentiments patriotiques de la population ; elle s'associerait de toute son énergie aux résolutions de M. le Préfet.

« Tel n'est pas le cas. Saint-Quentin, ville ouverte de toutes parts, peut être envahi à la fois sur un grand nombre de points. Tandis que la défense se concentrera d'un côté, les forces ennemies, comme M. le Préfet l'a reconnu, pénétreront, sans coup férir, jusqu'au cœur de la ville ; une résistance extrême, sur des points isolés, ne sera qu'illusoire, et elle entraînera fatalement des conséquences dont on ne saurait calculer l'étendue et la gravité.

« La résistance à outrance jusqu'à écrasement est-elle dans les usages de la guerre, soit pour une place forte, soit pour une armée ? N'arrive-t-il pas un moment où, devant des forces accablantes, lorsque toute résistance est devenue vaine, une place forte et une armée capitulent pour épargner la vie des soldats les plus héroïques et des populations les plus dévouées ?

« Quand les vaillants défenseurs de la ville, gardes nationaux, pompiers, ouvriers auront sauvé son honneur, devons-nous laisser se consommer un sacrifice désormais inutile ?

« Que M. le Préfet veuille bien considérer la situation faite à la Commission. Chargée, pour une durée qu'elle devait croire limitée à quelques jours, des attributions réunies de l'Administration et du Conseil municipal, elle est responsable, vis-à-vis de la population, de toutes les mesures qui touchent à ses intérêts; cette responsabilité, qui pèse si lourdement sur elle dans les circonstances que nous traversons, n'est pas compensée par des droits correspondants en ce qui concerne la question spéciale qui lui est soumise.

« M. le Préfet, reprenant la parole, admet sans hésitation les difficultés en face desquelles la Commission se trouve placée; il reconnaît que ces difficultés sont plus graves pour la Commission que pour lui-même. Mais il ne peut revenir sur sa résolution; il n'a accepté ses fonctions qu'à la condition de résister à tout prix. Il termine en assurant la Commission tout entière de son estime et de sa sympathie pour chacun de ses membres au dévouement et au patriotisme desquels il désire rendre hommage. La Commission, de son côté, tient à exprimer à M. le Préfet ses sentiments de reconnaissance et de haute estime personnelle. »

Suspendue aussitôt, la séance est reprise à huit heures; la Commission déclare s'associer de toute son énergie aux efforts du Préfet en vue de la défense générale du pays, persister unanimement dans son avis émis ci-dessus en ce qui touche la défense locale, ne pouvoir délibérer sur la question de défense à outrance puisque le droit de discussion lui est interdit sur ce point et qu'elle ne peut assumer de responsabilité à cet égard que si elle a pleine et entière liberté d'adopter ou de rejeter les mesures proposées; elle reconnaît d'ailleurs que M. le Préfet a reçu une mission qui est une véritable consigne de soldat.

M. Anatole de la Forge comprit tout ce qu'il y avait de bien fondé dans les réserves formulées par la Commission municipale et tout en continuant, de concert avec elle, à préparer la défense de la ville, il fit part au Gouvernement de la délibération que nous venons de citer.

Nous arrivons à la journée du huit octobre.

« La Commission, avertie de l'approche de l'ennemi, se déclare en permanence.

« A sept heures, les renseignements étant contradictoires, la Commission se rend chez M. le Préfet dans le but d'obtenir des indications plus précises. A cette occasion, M. le Préfet veut bien donner communication à la Commission de deux lettres : l'une de M. Testelin, commissaire général pour les départements du Nord de la France; et l'autre de M. le Général commandant la 3e division militaire. Ces deux lettres, conçues dans le même sens, rendent l'hommage le plus vif et le mieux mérité au patriotisme et à l'énergie de M. le Préfet, l'engagent à continuer ses efforts et à ne céder à l'ennemi qu'après une défense honorable. M. le Préfet, ainsi relevé de la consigne qu'il avait reçue de se défendre à outrance, déclare à la Commission qu'il va modifier en ce sens les ordres précédemment donnés à M. le Commandant de la garde nationale et à M. le Commandant des sapeurs-pompiers.

« Sur ces entrefaites, M. le Préfet reçoit une dépêche dont il donne connaissance à la Commission. Cette dépêche, datée de Ribemont, sept heures du matin, annonce l'arrivée des Prussiens dans cette ville.

« La Commission remercie M. le Préfet de ses communications, se retire et rentre à l'Hôtel-de-Ville.

« Vers dix heures, le guetteur signale l'approche de l'ennemi. Quelques instants après, on entend le bruit de la fusillade. » *(Procès-verbal du 8 octobre.)*

Le tocsin sonne, les tambours et les clairons appellent la population aux armes; bientôt tous les postes sont occupés; une compagnie de gardes nationaux et des volontaires se portent en avant de la ville, au pont de Rouvroy solidement barricadé, d'autres occupent les jardins qui se trouvent entre ce pont et Saint-Quentin; le cimetière, tous les points qui peuvent être attaqués sont occupés. Mais les Prussiens se présentent seulement du côté d'Isle. Ils sont plus de 800, dont au moins 500 fantassins et 300 cavaliers. Les pompiers, en nombre très-restreint, défendent le faubourg, mais bientôt en présence du développement de la ligne ennemie, ils doivent se replier sur la barricade. Un des leurs, nouvellement engagé, tombe blessé; les Allemands s'en emparent et le traînent jusqu'à la gare où ils l'achèvent à coups de baïonnettes : après leur départ on retrouva son corps couvert de blessures. Lecomte était un brave ouvrier, père de onze enfants dont la mère était morte de bonne heure et qu'il élevait de son travail!

Le combat à la barricade d'Isle dure plus de quatre heures. Malgré l'infériorité de leur armement, les habitants de Saint-Quentin font des prodiges de courage et d'adresse : le préfet, Anatole de la Forge, est tout simplement admirable. Il s'expose aux plus grands dangers et ne tarde pas à être blessé : après un pansement rapide il reprend son poste de combat. Il est habilement secondé par le lieutenant-colonel de la garde nationale, M. Dufayel à qui le commandement est familier ; il était facile de reconnaître en lui un ancien soldat rompu aux fatigues et aux habitudes de la guerre. Les pompiers, sous les ordres de leur commandant Baston et du lieutenant Lafond, se multiplient et montrent, une fois de plus, qu'ils ne reculent devant aucun danger.

Près du Préfet, un caporal de la compagnie d'Isle, M. Martin, tombe la tête traversée par une balle : la mort est instantanée. Sa place est aussitôt occupée par un volontaire.

Cependant, l'alarme se répand en ville ; un incendie éclate dans le faubourg occupé par les Prussiens : on croit qu'ils veulent brûler tout ce quartier ; le nombre des morts est exagéré, les bruits les plus alarmants circulent et parviennent jusqu'à la Commission. Elle décide qu'elle ira à la barricade pour mieux envisager l'état de chose et se rendre, sur le lieu même de la lutte, un compte exact de la situation. Mais quelques citoyens se précipitent dans l'Hôtel-de-Ville, annoncent que la cavalerie a tourné Saint-Quentin vers Omissy et qu'elle entre par le quartier Saint-Jean. Sept membres de la Commission restent à la Mairie pendant que les cinq autres se rendent près des combattants.

Heureusement les bruits qu'on avait fait courir étaient faux et les Allemands après plus de quatre heures de combat se retirent, emmenant quelques habitants du faubourg d'Isle comme otages. Les défenseurs de la ville se mettent à leur poursuite et leur font plusieurs prisonniers.

A ce moment le guetteur, qui depuis le matin sonnait le tocsin et fournissait d'utiles et précieux renseignements sur les positions occupées par les Allemands et les mouvements tentés par eux, ne se sent plus de joie ; la voix grave du beffroi, qui ne retentit que pour les incendies et les sinistres, carillonne éperdument l'air : *Bon voyage, Monsieur Dumollet !*

C'est au son de cette sonnerie railleuse que les troupes ennemies se replient sur Laon, emportant leurs morts et leurs blessés qui sont, relativement, très-nombreux.

Saint-Quentin, ville ouverte, venait de repousser

l'invasion, justifiant une fois de plus ce mot du poète, gravé sur son Hôtel-de-Ville :

Civis murus erat,...

Ce succès eut, dans toute la France et à l'étranger, un grand retentissement. Le *Times*, l'*Indépendance belge*, etc., l'enregistrèrent avec les commentaires les plus élogieux.

Ce fut pour Saint-Quentin un grand et beau jour que celui du huit octobre. La ville le doit au courage et au patriotisme de ses habitants, mais elle le doit aussi, et personne ne saurait l'oublier, à l'énergie du Préfet Anatole de la Forge qui se montra habile organisateur de la défense, combattant intrépide, animé d'un ardent amour du pays pour lequel il n'a marchandé ni son travail, ni son sang.

Aussi, les habitants de Saint-Quentin lui ont-ils gardé une vive reconnaissance; il jouit parmi eux de la popularité la mieux justifiée.

Les Allemands avaient évacué les abords de Saint-Quentin; les troupes françaises accoururent au secours de la ville. Il y eut le soir du huit octobre et les jours suivants de fausses alertes où, malheureusement, périrent deux habitants : Heiwang et Guidé, et deux mobiles de la Marne.

Plus de 10,000 hommes de troupe avec de l'artillerie arrivèrent dans la ville.

A la première nouvelle de l'attaque de Saint-Quentin, la garde nationale de Ham, commandée par M. Mercier, et accompagnée de nombreux volontaires parmi lesquels M. Rouge-Hallouin, part pour Saint-Quentin, faisant à pied la route qui sépare les deux villes et ne tenant aucune considération des dangers qui l'attendent si elle est surprise par l'ennemi en rase campagne.

Le même jour huit octobre, les bureaux et les ateliers de l'*Indépendant rémois* sont menacés d'être occupés militairement par les Allemands, et le directeur obligé d'insérer l'avis suivant :

« M. Anatole de la Forge, *ci-devant Préfet de* « *l'Aisne*, vient d'être remplacé par M. le baron de « Landsberg qui se rend aujourd'hui à Laon pour « prendre possession de son poste. »

Le ci-devant Préfet continua à administrer sa préfecture à la grande colère des Prussiens qui promirent, bien haut, de le fusiller, si jamais il tombait en leur pouvoir; mais ils ne purent s'emparer de lui.

Le mardi 11 eut lieu l'enterrement des deux victimes : B. Lecomte, dont Saint-Quentin adopta les onze enfants, et le caporal Martin. Les funérailles furent faites aux frais de la Ville avec une grande solennité. Les corps furent déposés, avant la cérémonie religieuse, sous un magnifique catafalque dressé au devant de l'Hôtel-de-Ville, toutes les troupes leur rendirent les honneurs militaires, la population tout entière forma un immense cortége auquel était venu se joindre M. Testelin, commissaire-général des départements du Nord.

Le 12, les pompiers, la garde nationale et les troupes sont passés en revue par le Préfet et le général Dessaint.

Sont nommés chevaliers de la Légion d'Honneur :

MM. Dufayel, Lieutenant-colonel des gardes nationales de l'Aisne, a fait la campagne d'Italie;

Tauzein, Capitaine adjudant-major de la garde nationale, ancien militaire;

Vouriot, Capitaine de la 3e compagnie de la garde nationale, ancien militaire;

Baston, Commandant des pompiers de l'Aisne, ancien militaire;

Lafond, Lieutenant des pompiers, ancien militaire, a fait la campagne de Crimée;

Bosquette, Garde national.

M. Devienne, Adjudant, est mis à l'ordre du jour.

Plus tard, le Gouvernement de la Défense nationale devait nommer M. de la Forge officier de la Légion d'Honneur; en attendant, il envoie à la ville de Saint-Quentin et au Préfet un télégramme de félicitations et de remercîments.

Les adresses arrivent nombreuses, de toute part.

Mais, hélas, à la joie des premiers jours vont succéder la tristesse et le deuil.

Le vieux général Dessaint trouve, dit-on, que Saint-Quentin n'est pas un lieu stratégique propre à livrer bataille et son avis, auquel le général Faidherbe et l'armée du Nord donneront un peu plus tard un glorieux démenti, est adopté par un conseil de guerre tenu à Lille.

A ce conseil, où figurent les généraux Espivent et Dessaint de Marthille, la ville de Saint-Quentin, représentée par M. Malézieux, maintient énergiquement sa décision du quatre octobre. Abandonnée par les troupes que l'on retira, elle ne devait pas tarder à être attaquée par un corps de plusieurs milliers d'hommes munis d'une forte artillerie. La résistance, dans de telles conditions, n'était plus possible; M. de la Forge le comprit, et, réduit à l'inaction par le conseil de guerre de Lille, donna sa démission de Préfet de l'Aisne (18 octobre 1870).

Le Gouvernement sut encore utiliser son dévouement dans le Midi.

Telle est, rapidement esquissée, la carrière de M. de la Forge comme préfet de l'Aisne, et son rôle dans la défense du huit octobre.

Homme d'une grande élévation de sentiments, d'un caractère généreux, plein de courage et d'énergie, il sut, habilement secondé par une population patriotique, éveiller et raffermir en France l'idée de résistance et donner le premier ce glorieux spectacle d'une ville ouverte repoussant les troupes allemandes.

G. L.

AMIENS. — IMP. T. JEUNET.
17296.

www.ingramcontent.com/pod-product-compliance
Ingram Content Group UK Ltd.
Pitfield, Milton Keynes, MK11 3LW, UK
UKHW020228180726
13838UKWH00005B/2265